AF331577

DIALOGUE

A L'OCCASION DES PROCHAINES

ASSEMBLÉES PRIMAIRES,

ENTRE un Habitant d'une grande Commune, et un Agent d'un des Cantons de son Arrondissement.

A PARIS,

DE L'IMPRIMERIE DES SOURDS-MUETS, rue et faubourg Jacques, N.° 115.

1798.

AN 6 DE LA RÉPUBLIQUE FRANÇAISE.

AU PEUPLE FRANÇAIS.

PEUPLE, on s'apprête à célébrer la Fête de la Souveraineté ; méfie-toi de tes adulateurs, et permets à un de tes sincères Amis, qui veut rester inconnu, de t'éclairer sur l'exercice de tes droits, sur leur dignité, leur importance, et sur les devoirs que t'impose cette Souveraineté à laquelle tu n'es pas encore accoutumé ; mais que tu dois à l'heureuse Révolution qui t'a rendu libre. Ce sera l'objet du Dialogue suivant : daigne en accepter l'hommage.

NOTA. Le Citoyen BOURLOTTON, Directeur de l'Imprimerie des SOURDS-MUETS DE NAISSANCE, prévient ses Concitoyens qu'il entreprend toute espèce d'Ouvrages relatifs à l'Imprimerie : tels que Mémoires, Journaux, Affiches, Ouvrages de Bureaux, Labeurs, etc., etc.

Il s'attachera, particulièrement, à prouver au Public, jusqu'à quel degré les Administrateurs de l'Établissement National des Sourds-Muets ont su arracher à la Nature cette intelligence qu'elle sembloit avoir refusé à ces malheureuses victimes de son caprice, en portant leurs Élèves à la connoissance des Sciences et des Arts les plus susceptibles de toutes les facultés humaines. C'est avec ces Élèves, que le Directeur de cette Imprimerie, espère mériter la confiance du Public en se réunissant à eux pour concilier la célérité et la perfection Typographique. On trouvera auprès de lui les facilités et les moyens économiques qui doivent lui assurer le succès de cet Établissement.

DIALOGUE

A L'OCCASION

DES PROCHAINES

ASSEMBLÉES PRIMAIRES,

ENTRE un Habitant d'une grande Commune, et un Agent d'un des Cantons de son Arrondissement.

L'AGENT.

J'AI cru que cette Proclamation ne finirait jamais.

L'HABITANT.

ELLE paraît même vous avoir donné de l'humeur.

L'AGENT.

J'en ai, je l'avoue, quand je pense au tems que vont nous faire perdre ces nouvelles Assemblée Primaires.

L'HABITANT.

Regardez-vous donc comme perdu un tems dont on pourrait faire un emploi si utile , si précieux pour la Patrie ?

L'AGENT.

Je ne sais ; mais il s'est déjà tenu plusieurs de ces Assemblées , et je ne vois pas trop le bien qu'elles ont produit.

L'HABITANT.

Mais ne serait-ce point par votre faute ? Vous et vos Concitoyens , étiez-vous bien pénétrés des augustes fonctions que vous alliez remplir ?

L'AGENT.

Augustes, dites-vous ?

L'HABITANT.

Auriez-vous le malheur d'en douter ?

L'AGENT.

Et vous, n'en exagérez-vous pas l'importance ?

L'HABITANT.

Quoi ! Le droit de choisir vous-mêmes vos Représentans et vos Magistrats, ne vous paraît-il donc pas le plus beau, le plus respectable de tous les droits ? Sous l'ancien régime, vous n'étiez pas même consultés. La volonté arbitraire d'un seul choisissait pour vous, et nommait tous ceux à qui vous étiez forcés d'obéir. Leur Autorité, affranchie de toute espèce de responsabilité envers vous, n'avait pour règle que leur caprice. Maîtres absolus, ils vous traitaient en esclaves. Ils pouvaient, à leur gré, disposer de vos fortunes. Que dis-je ? Votre vie même n'était assurée que par la soumission la plus aveugle à ce qu'ils nommaient leur *bon plaisir*. Tel était le style de leurs Ordonnances. Leur bon plaisir vous accablait d'impôts, non pour le Salut de la Patrie, car ce mot même de *Patrie* déplaisait à leur orgueil ; mais uniquement pour satisfaire au luxe de quelques adulateurs vendus à sa Tyrannie, et qui s'engraissaient de votre substance. Vous gémissiez sous le poids des dixmes, des corvées, des redevances féodales, et le plus faible soulèvement eût attiré sur vous une vengeance qui vous était sans cesse annoncée par ces fourches menaçantes qu'on désignait sous les noms de *haute, moyenne, et basse Justice :* monumens de terreur que la Liberté seule a fait disparaître, et dont toutes vos routes étaient surchargées. Pour comble de calamités, un Clergé dominateur, complice et soutien de vos Tyrans, vous assurait et vous ordonnait de croire que tel était l'ordre établi par Dieu même, l'ordre auquel la Providence voulait que vous fussiez soumis. Ce n'est pa encore tout ; ce même Clergé , riche aux dépens de vos ancêtres , soudoyait , pour vous mieux asservir , une armée de moines dont une partie , pendant que la faim vous dévorait, vivait dans une abondance scandaleuse , tandis que l'autre , liée par un vœu à l'état de mendicité, enlevait encore à votre misère une portion de la subsistance de vos femmes et de vos enfans.

Soulevés enfin , par la plus sainte des insurrections, contre ces détestables abus, vous avez brisé vos chaînes. Vous ne dépendez plus que des Magistrats à qui vous avez accordé votre confiance, et des Lois que vous vous êtes vousmêmes données par l'organe de vos Représentans: c'est vous qui les choisissez librement dans vos Assemblées Primaires; et ce beau droit qui, d'esclaves que vous étiez , vous a changés en hommes , à peine paraissez-vous en sentir le prix. Ah ! Comparez les deux situations , et jugez vous-mêmes si ceux qui voudraient vous replonger dans votre ancienne servitude , ne sont pas les ennemis du genre humain.

L'A G E N T.

Je conviens que ces avantages sont grands ; quels fruits cependant en avons-nous recueillis? Au régime de cette Tyrannie que nous abhorrons, n'avons-nous pas vu succéder un régime

de terreur non moins exécrable ? Le seul nom
de Robespierre n'inspire-t-il pas autant d'horreur
que les noms des plus cruels Tyrans qui ayent
jamais souillé notre Histoire ?

L'HABITANT.

Je suis forcé de l'avouer : mais de qui ce monstre
et ses complices tenaient-ils les pouvoirs dont
ils ont si cruellement abusé ? N'était-ce pas des
suffrages du Peuple ?

L'AGENT.

Hélas ! Il n'est que trop vrai.

L'HABITANT.

Le Peuple ne doit donc accuser que lui-même
de l'imprudence de ses choix ; et les suites af-
freuses de cette imprudence doivent vous prouver
avec quelle sévère circonspection vous devez
veiller à ce qui se passe dans vos Assemblées.
C'est-là que se décident par vos choix le bonheur
ou le malheur public ; mettez donc dans ces
choix toute l'attention qu'ils méritent ; n'appellez
à l'honneur de vous représenter que des hommes
éclairés, vertueux, dignes enfin des grands in-
térêts que vous leur confiez. Alors vous verrez
les factieux disparaître, et la Patrie, si long-tems
malheureuse, vous devra ce nouvel éclat que la
Liberté seule pouvait lui donner. Sa prospérité
sera votre Ouvrage. Oh ! combien cette pensée

devrait vous faire bénir ces Assemblées salu-
taires , dont vous ne parliez avec tant d'indif-
férence que par ce que vous n'en pesiez pas
tous les avantages !

L'AGENT.

Vous m'éclairez sur le bien qu'elles peuvent
produire ; mais notre confiance, tant de fois
trompée , pourrait l'être encore. Comment dis-
tinguer , dans la foule de ceux qui briguent nos
suffrages , les Citoyens qui en seraient vérita-
blement dignes ?

L'HABITANT.

Cette foule d'intriguans vous avertit elle-même
du danger qu'il y aurait à fixer votre choix
sur aucun d'eux. Quiconque ose entreprendre
de vous gagner, ou par d'importunes sollicita-
tions, où (ce qui serait plus honteux) en met-
tant à prix vos suffrages ; quiconque ose vous
présenter des listes toutes faites pour vous
épargner la peine de réfléchir à vos choix, est
un traître qui vous méprise, qui veut vous ravir
le plus saint de vos droits , et qui ne peut
avoir que de coupables intentions. Que ses
paroles dorées ne vous en imposent pas. Gardez-
vous de ces hommes trop exercés dans l'art de
parler , et qui en font leur principal mérite. Ne
vous est-il pas arrivé de tomber dans les pièges

(9)

de ces prétendus hommes de Lois, dont le métier
est de vendre des paroles, et qui savent se pré-
valoir si hardiment de l'étude approfondie qu'ils
ont faite du jargon de la chicane? N'avez-vous
pas expié, de manière à n'en perdre jamais le
souvenir, la confiance trop légère que vous leur
aviez accordée? Eh bien! il en est de même
de ces discoureurs qui cherchent à vous éblouir
de leur verbiage politique dans vos Assemblées
Primaires. Celui qui ne craint pas de dévoiler
son ambition, et qui s'appuie de sa séduction
et de l'intrigue pour captiver votre bienveillance,
recèle, à coup-sûr, de mauvais desseins. L'homme
de Loi conspirait contre votre bourse; le dis-
coureur a des vues plus élevées, c'est à la
fortune publique qu'il en veut.

L'AGENT.

Convenez pourtant que s'il est une Classe de
Citoyens sur laquelle nos choix doivent se porter
de préférence, c'est celle qui paraît annonce les
plus de lumières.

L'HABITANT.

Sans doute, si ces lumières sont accompagnées
d'une excellente réputation, d'une moralité
reconnue, et sur-tout d'un civisme bien avéré:
car vous sentez qu'avec des lumières un scélrat-
ne serait que plus dangereux. Croyez que lors-

qu'il s'agit de fonctions aussi délicates que celles d'un représentant du Peuple ou d'un Magistrat, ce ne sont pas ceux qui sont le plus empressés à se montrer qui ont le plus de droits à votre confiance. Le vrai mérite se produit rarement au grand jour ; sa modestie l'éloigne de toutes les sociétés où domine l'intrigue. Vainement le chercheriez-vous ailleurs que dans cette classe d'honnêtes citoyens qui vivent au sein de leurs familles, pour y donner l'exemple des vertus domestiques. C'est-là que vous le trouverez, entre sa femme et ses enfans, uniquement occupé des devoirs que lui impose le titre de père et d'époux, en faisant son bonheur de ses devoirs mêmes. La paix, le bon ordre qu'il fait régner dans sa maison, l'innocente simplicité de ses mœurs, l'air de satisfaction qui se peint à son approche dans tous les yeux, tout élève la voix en sa faveur, et vous indique l'homme à qui la Nation peut, sans inquiétude, confier ses destinées. Oh ! qu'une pareille recommandation est puissante ! et qu'elle doit vous paraître préférable à celle qui n'est appuyée que sur une vaine ostentation de paroles, qui ne suppose pas toujours une grande richesse d'idées !

L'AGENT.

Je vois que vous ne faites pas beaucoup d'estime de ceux dont le mérite ne s'annonce que par l'habitude et la facilité qu'ils ont de parler :

mais que pensez-vous de ceux en qui l'on vante le talent d'écrire? Il s'en présente quelquefois dans nos campagnes, à la veille des élections; et le nom de savant et de philosophe qu'on leur donne, est, ce me semble, un grand titre pour attirer la confiance.

L' H A B I T A N T.

Ces noms se prodiguent souvent à ceux qui les méritent le moins. Il est vrai cependant que, parmi les personnes dont vous parlez, il s'en trouve quelques-unes d'infiniment recommandables, quand elles allient à leur amour pour l'étude la maturité de l'âge, et la noble passion du bien public; mais dans cette classe même, si l'on s'arrêtait à ceux qui sont les plus ardents à se produire, on risquerait de faire de bien mauvais choix; leur foiblesse est un desir immodéré de briller, et une avidité de louanges plus insatiable encore. Eh! que peut-on espérer de grand de ceux qui n'ont que la vanité pour idole?

L' A G E N T.

Je conçois, comme vous, que rien n'est préférable à une réputation de probité bien établie; mais vous exigez encore un civisme bien éprouvé, et c'est une qualité à laquelle, malheureusement, il serait facile de se méprendre. Le civisme, comme les autres vertus, n'a-t-il pas son hypocrisie? Et à quel signe infaillible pourrait on se flatter de reconnaître un bon citoyen?

L'HABITANT.

A son respect pour les lois, au zéle, à la fidélité avec laquelle il s'acquitte de toutes les fonctions que la patrie lui impose, et nullement à l'exagération de ses principes. Il sait que tout ce qui est exagéré devient suspect, et que si l'exagération ne suppose pas toujours la fausseté, elle a du moins des inconvéniens qui doivent éloigner d'elle la confiance des amis de la paix. L'un des plus grands, c'est de faire haïr par ses excès un gouvernement qui n'inspirerait que de l'amour si la seule justice présidait à l'exécution de ses lois, et en écartait tout ce qui ressemble à l'humeur, à la passion, à la violence. On sait trop que dans une grande majorité de citoyens, les vieilles habitudes ont peine encore à se plier aux institutions républicaines, et que plusieurs d'entre eux attribuent faussement à la République des malheurs qui n'étaient qu'une suite inévitable d'une grande révolution : mais ils ne tarderaient pas à se réconcilier avec elle, si plus sévéres dans vos élections, vous n'étiez occupés qu'à lui choisir des Magistrats vraiment estimables, vraiment animés du desir de faire le bien. Que la justice règne, que la loi publique soit gardée et bientôt le gouvernement n'aura plus d'ennemis. Quel serait en effet l'espoir du petit nombre d'insensés

qui se passionnent encore pour l'ancien régime ?
Leur folle présomption se flatterait-elle de nous
y ramener, au risque de devenir eux-mêmes
les premières victimes des efforts qu'ils oseraient
tenter pour le faire renaître. Tous les élémens de
l'antique monarchie ne sont-ils pas dispersés ?
Quelle main assez puissante pourrait se pro-
mettre de les rassembler ! Je veux bien supposer
qu'il existe encore des royalistes de bonne foi ;
mais en est-il qui puissent croire, sans démence,
que les acquéreurs de biens nationaux, par
exemple, se laisseraient ravir impunément ce
qu'ils ont acquis sur la garantie la plus sacrée ?
Que la classe nombreuse des cultivateurs, et
les braves guerriers dont elle a peuplé nos
armées reprendraient, avec le joug de la servitude, cette docilité à l'oppression sous laquelle
ils ont si long-tems gémi ? Qu'après avoir été
délivrés de cette foule d'animaux destructeurs
qui désolaient les campagnes, sans qu'il fût
permis de leur faire la guerre, ces mêmes cultivateurs les verraient tranquillement recom-
mencer leurs ravages ? Qu'enfin, affranchis de
tous les fardeaux que faisaient peser sur eux
la tyrannie et la superstition, ils souffriraient
qu'on les accablât de nouveau du poids de ces
odieuses véxations ?

Si le vœu de ces royalistes pouvait être

exaucé, il faudrait qu'auparavant des guerres civiles et interminables eussent porté le ravage, la ruine et la mort sur tous les Départemens de la France; et si les rois pouvaient y rentrer, ce ne serait que pour en fouler aux pieds la cendre. Ah! loin de nous cet avenir sinistre, mais heureusement impossible. Nous jouissons enfin d'une constitution bienfaisante et protectrice que le tems peut encore perfectionner. Nous respirons sous un gouvernement que la journée du 18 Frutidor a mis désormais à l'abri des conspirations, et auquel nous devons nous attacher d'autant plus qu'il nous a coûté plus de sacrifices. Donnons-lui de nouveaux appuis en l'entourant d'hommes vertueux; et bientôt délivrés du seul ennemi qui nous reste à vaincre, nous goûterons avec la paix le bonheur que notre impatience s'était promis trop tôt, mais qui ne peut échapper à un Peuple libre. Hélas! nous touchions peut-être à cette époque fortunée, si les mauvais choix de nos dernières élections n'avaient pas réveillé les criminelles espérances d'un parti aussi lâche, quand il s'agit de combattre au grand jour, qu'il se montre ardent à conspirer, quand il se croit protégé par les ténèbres.

L'AGENT.

Vous ranimez toute ma confiance. Je sens

qu'il n'est pas de devoir plus sacré pour nous
que de veiller à la pureté de nos choix; et dans
la prochaine assemblée, je me promets bien de
ne m'en rapporter qu'à ma conscience.

L'HABITANT.

Voilà ce que vous devez sur-tout inspirer à
votre brave jeunesse, c'est par elle et par la
valeur qu'elle a déployée dans nos intrépides
armées, que nos ennemis, mêmes ont été forcés
de donner à la France le surnom glorieux de la
GRANDE NATION surnom qu'aucune puissance
de l'Europe n'avait encore obtenu, que la seule
République Romaine avait mérité, et que la
République Française ne perdra jamais. Après
avoir conquis la liberté par ses victoires, que
cette brillante jeunesse apprenne à la maintenir
par l'exercice de ses fonctions civiques; qu'elle
se pénètre de leur dignité; qu'elle impose silence
à ces malveillans qui s'efforcent de les avilir en
y formant de honteuses cabales; qu'elle ne souffre
pas que des hommes sans pudeur vendent à
d'autres hommes des suffrages dont le sort de
la République peut dépendre; enfin qu'après
avoir donné l'exemple du courage, elle donne
celui du plus profond respect pour les saintes
institutions de la liberté. Eh! comment pourrait-
elle ne pas chérir un ordre de choses qui appelle

indistinctement tous les citoyens qui s'en rendront dignes, à tous les emplois, à tous les honneurs? Ces mêmes honneurs (si pourtant il en existait sous la tyrannie) n'appartenaient exclusivement qu'aux seules castes privilégiées: maintenant, sans en excepter la suprême magistrature, l'accès en est ouvert aux talens, aux vertus, en un mot, à tous ceux qui sauront les mériter. Combien cette pensée ne doit-elle pas élever l'ame de tous Français! que ceux qui ne rougissent pas de regretter l'ancienne servitude, vivent et meurent dans la honte qui doit être leur élément; qu'ils aillent ramper tour-à-tour sous la double tyrannie que nous avons abjurée, qu'ils fassent aux rois la sacrifice d'une liberté à laquelle ils n'ont osé s'élever, et aux prêtres, qui se jouent de leur crédulité stupide, celui de leur raison. Pour nous, appelés à de plus belles et de plus grandes destinées, jurons à la République et à la Constitution tutélaire, dont la journée du 18 Fructidor nous a garanti la stabilité, un attachement inviolable.

L'AGENT.

Je répète avec vous les mêmes vœux et les mêmes sermens.